COUR IMPÉRIALE DE PAU.

DISCOURS

PRONONCÉ

A L'AUDIENCE SOLENNELLE DE RENTRÉE

LE 3 NOVEMBRE 1863,

PAR

M. LESPINASSE,

1er AVOCAT-GÉNÉRAL.

LES BOHÉMIENS DU PAYS BASQUE.

PAU,
IMPRIMERIE ET LITHOGRAPHIE DE É. VIGNANCOUR.
1863.

DISCOURS

PRONONCÉ

À L'AUDIENCE SOLENNELLE DE RENTRÉE

LE 3 NOVEMBRE 1863,

PAR

M. LESPINASSE,

1er AVOCAT-GÉNÉRAL.

LES BOHÉMIENS DU PAYS BASQUE.

PAU,
IMPRIMERIE ET LITHOGRAPHIE DE É. VIGNANCOUR.
—
1863.

DISCOURS

PRONONCÉ

A L'AUDIENCE SOLENNELLE DE RENTRÉE

LE 5 NOVEMBRE 1863,

PAR

M. LESPINASSE,

I⁰ʳ Avocat-Général.

Monsieur le Premier Président,
Messieurs,

Notre dernière session touchait à son terme lorsque le chef de ce Parquet reçut un précieux témoignage de l'estime que ces services lui ont méritée.

Ce fut comme la dernière impression qui nous resta de nos travaux ; c'est aussi le premier souvenir qui revient à ma pensée au moment d'inaugurer une session nouvelle.

Il me serait doux d'acquitter en cette occasion une dette de reconnaissance en rappelant ce qu'il m'a été donné de connaître de conp–d'œil prompt et sûr, de cette volonté énergique dont le bien public fut toujours le mobile.

Mais il est des situations où la louange conserve à peine quelque chose de son prix et où le seul hommage permis au dévouement est celui d'une réserve respectueuse.

Je demande grâce toutefois pour une réflexion qui n'excèdera point, je l'espère, les limites dans lesquelles je dois me renfermer.

A deux années d'intervalle, les deux chefs de la Cour ont reçu la même distinction. A chacun d'eux sans doute en revient le principal honneur. Ce sont leurs mérites divers, c'est leur impulsion vigilante, éclairée qu'a voulu récompenser une haute bienveillance. Mais les résultats obtenus ne tiennent-ils pas quelque place dans cette honorable appréciation ? La compagnie toute entière n'a-t-elle pas sa part dans l'œuvre accomplie ? La prompte expédition des affaires, la sagesse des décisions rendues n'annoncent-elles pas que la Cour de Pau se montre fidèle à ses meilleures traditions ?

Permettez donc que je vous félicite d'un honneur qui rejaillit aussi sur vous.

La bienveillance des chefs qui marchent à votre tête ne s'offensera point de ce partage.

Mais à des magistrats tels que vous, viendrai-je faire entendre les graves enseignements de la censure publique ? L'opportunité ne manquerait-elle pas à ma parole aussi bien que l'autorité ? Qu'ajoute-

rais-je d'ailleurs au tableau de nos devoirs qui nous
fut tracé d'une main si ferme et qu'une année ré-
volue ne saurait avoir effacé de notre souvenir.

Abandonnant à ceux qui sont nos guides et nos
maîtres des sujets qui semblent être leur domaine
privilégié, je désirerais soumettre à votre expérience
quelques réflexions sur un problème qui intéresse à
la fois la justice distributive, la sûreté publique et
l'humanité. Je veux parler de la condition des Bohémiens dans ce ressort, des mesures prises jusqu'à
ce jour pour défendre la société de leurs atteintes
et des efforts qui pourraient être tentés encore pour
les placer enfin sous l'empire de la commune loi.

Combien leur condition est déplorable, il n'est
personne parmi nous qui l'ignore. Des malheureux
errants loin des lieux habités, sans vêtements, sans
abri, sans pain; trainant après eux des femmes
couvertes de haillons, flétries par le vice et la
misère; des enfants à demi-nus, exténués par toutes
sortes de privations et de souffrances. Quand la
faim les oblige de se rapprocher des hommes,
ils ne rencontrent partout que le mépris l'effroi ou
la haine; s'ils reçoivent le pain de l'aumône, c'est
une rançon arrachée à la peur, plutôt qu'un
témoignage de sympathie ou de pitié; tristes
esclaves des instincts les plus grossiers, jamais une
pensée qui dépasse le monde matériel ne traversa
leur intelligence; jamais le sentiment du bien et
du beau ne remua leur cœur; l'âme semble n'exis-

ter en eux que pour ajouter une force nouvelle à l'impulsion des sens Est-il possible d'imaginer une plus profonde misère? Ne s'estimerait-on pas heureux de pouvoir apporter un remède à cette situation douloureuse ?

Relever de leur déchéance ces inconnus qui sont nos frères; affranchir les populations indigènes de leur effroi; Bannir de leur cœur ce mépris, cette haine de l'homme qui portent toujours des fruits amers, n'est ce pas un noble but? Le contempler avec amour, méditer sur les moyens de l'atteindre, est-ce pour des magistrats dissiper le temps qui appartient à leurs devoirs ?

Mais ces maux trop réels n'ont ils pas pour cause unique un préjugé funeste qui aurait résisté au progrès des idées comme à la marche des temps? Si le paysan le plus obscur, dans la condition la plus voisine de l'indigence repousse avec horreur l'alliance d'un bohémien, si le contrebandier lui même, cet audacieux rebelle, s'indigne à la pensée d'associer un de ces proscrits à ses périlleuses luttes, est-ce l'indignité réelle de l'étranger qui excite leurs dédains N'est ce pas au contraire leur mépris injuste qui fait naître l'indignité? Des esprits éclairés, des cœurs généreux ont incliné vers cette dernière opinion (1) et nos vieilles an-

(1) Voir dans le *Mémorial des Pyrénées* du 25 février 1836 une réponse remarquable à un article du *National* ou cette opinion était développée.

nales semblent l'entourer d'une séduisante vraisemblance.

Qui de vous ne connaît l'histoire lamentable des sorciers et des cagots de nos montagnes? Je voudrais en rappeler ici quelques traits pour faire mieux ressortir les nuances qui séparent un préjugé aveugle d'une répulsion trop justifiée.

La croyance à la sorcellerie n'est point assurément un privilège de nos contrées. Les plus anciennes législations se sont occupées de la magie, et l'art de la divination peut se glorifier d'avoir eu pour interprête l'un des plus beaux esprits de l'ancienne Rome (1). Chez les peuples modernes, d'impitoyables rigueurs ont longtemps poursuivi les sorciers et l'on peut citer une ordonnance de nos rois d'une époque éclairée (1560), qui renouvelait contre ces malheureux des peines barbares.

Mais l'aurore du grand siècle avait lui et le temps approchait où la sorcellerie dépouillée de son prestige allait se confondre avec les pièges grossiers que l'astuce cupide tend à l'ignorance.

Ce fut justement alors qu'éclata dans le pays basque la plus étonnante manifestation d'un absurde préjugé. Sur une population de 30,000 âmes il n'était pas une famille qui ne comptât plusieurs initiés

(1) Avant de saper par la base l'art de prédire l'avenir dans son beau traité de la Divination, Ciceron avait été chef des Augures et avait écrit dans le *Traité des Lois,* livre 2, n° 134 « Je pense qu'il existe un art de la divination. »

aux mystères du sabbat. La torture et cette exaltation contagieuse qui gagne les multitudes sous l'influence de certaines idées, avaient multiplié les aveux ; des femmes, des enfants allaient au-devant du supplice en s'accusant d'un crime imaginaire. A de si étranges phénomènes, il fallait une explication, elle fut trouvée. Des légions infernales chassées du Japon par les missionnaires s'étaient abattues sur le pays basque. La terreur était partout ; deux magistrats du parlement de Bordeaux furent chargés d'aller tenir dans le Labour les *Grands jours* de la sorcellerie. Durant quatre mois ils entassèrent les procédures et livrèrent aux bourreaux d'innombrables victimes, jusqu'à ce qu'enfin vaincu par la lassitude et par le sentiment de son impuissance l'un d'eux s'écriait : « *ramener tant de cou-* » *pables par la voie de la justice est du tout im-* » *possible. Dévotion et bonne instruction y feraient* » *plus d'effort.* » (1).

Quelques années plus tard (16 avril 1672) un arrêt du conseil fesait descendre les sorciers au rang des artisans de fraude qui abusent sciemment de la crédulité publique.

C'en est donc fait de la sorcellerie ; son nom et ses pratiques ne seront plus désormais qu'un lugubre souvenir..... Allez dans le pays basque, vous n'y

(1) De L'Ancre. — Tableau de l'inconstance des mauvais anges, p. 37-38, Ed. 1610.

trouverez pas une chaumière où l'on ne conserve la tradition des formules magiques, de la baguette de coudrier , des fantômes et des revenants ; où l'on ne soit prêt à payer bien cher la science du sorcier ou à lui faire expier sous le bâton l'obstination de ses maléfices.

La civilisation est comme un fleuve immense ; rapide au milieu de son cours , il intraîne tout ce qui s'oppose à son passage, tandis que sur ses bords l'onde est à peine agitée. Les pays de montagnes sont les rives du fleuve ; le progrès n'y arrive que tardif et affaibli.

Un exemple plus frappant encore de la persistance des erreurs populaires se trouve dans cette chronique des cagots qui ressemble à une légende d'un monde fantastique.

Tristes débris des soldats d'Alaric , vaincus par Clovis à Vouillé (1) ou des Sarrasins dont Charles-Martel brisa pour jamais la puissance dans les plaines de Tours (2), ou s'il faut en croire de plus récents travaux d'érudition , tribus fugitives descendues des

(1) Florimond de Rœmond, l'Antichrist, 1613, ch. XLI, L. 568. *Notitia utriusque vasconiæ authore Arnaldo oïhenarto manléosolensi* 1638, liv. 3, chap. 5, p. 414.
Ramond de Carbonnières, 1789. — Observations faites dans les Pyrénées, etc. Histoire des cagots, p. 204-224.

(2) Marca. — Histoire du Béarn , 1640, liv. 1 , ch. 16 , p. 71-75. Voyez aussi l'élégante notice de M. le conseiller Abbadie , sur les Pyrénées, 4e édit., p. 98.

Pyrénées (1) sur les pas de Charlemagne durant cette retraite précipitée du grand Empereur dont le val de Roncevaux a conservé le triste souvenir, les cagots subsistèrent longtemps comme des proscrits sur cette terre pour eux seuls inhospitalière.

Hérétiques ou infidèles, frappés de la lèpre, selon la langue mystique du moyen-âge, ils furent bientôt transformés par l'imagination populaire en lépreux véritables, dont le contact impur ne pouvait être trop soigneusement évité. Leurs demeures étaient reléguées loin des bourgades sous la protection immédiate de l'église ou du château ; l'entrée des villes leur était interdite après le coucher du soleil ; ils devaient attacher à leurs vêtements un signe dont la couleur éclatante ne put échapper à l'attention de personne.

Il leur était défendu de porter la main aux commestibles exposés en vente. La santé publique eut été menacée s'ils eussent touché le sol de leurs pieds nus.

En vain ils s'efforcèrent de rentrer en grâce par le travail, l'économie, la probité et par les démonstrations les plus rassurantes d'orthodoxie ; ils ne réussirent point à désarmer le préjugé qui les poursuivait. Jusque dans le temple chrétien, asile suprême de l'égalité, une porte séparée, une place

(1) Francisque Michel. — Histoire des races maudites, de la France et de l'Espagne, tome 1er, page 293.

obscure, un rang avili et dans la mort même
l'isolement de leurs tombeaux, tel fut leur partage. S'ils essayaient de se soustraire à ce flot
d'humiliation, la coutume et les tribunaux rendaient
toute résistance inutile.

L'autorité religieuse fut la première à donner
en leur faveur le signal d'un retour à l'humanité.

La cause des cagots examinée pour la première
fois avec impartialité par les ordres du Saint-Siège
(1) reçut en Espagne une éclatante réparation (1519-
1520) et, depuis cette époque, elle obtint constamment
l'appui de Charles-Quint et de ses successeurs (2).

Les tribunaux Français suivirent cet exemple.
Dans les ressorts de Toulouse et de Bordeaux où
ces malheureux avaient été si longtemps proscrits,
de nombreux arrêts les rétablirent enfin au même
titre que les autres habitants, dans la société civile
et religieuse (3). Le Parlement de Navarre ren-
contra plus d'obstacles. Les décisions par lesquelles
il avait déclaré valables des mariages entre les
cagots et les indigènes soulevèrent une immense
clameur et un recours au conseil (4). On invoqua

(1) Délégation de Léon X à l'un des dignitaires du chapitre de
Pampelune en 1515.

(2) Provisions ou ordonnances royales de 1524 et 1548 auxquelles les
juntes du Guipuzcoa ne cessèrent d'opposer la plus vive réaction.

(3) Arrêts du Parlement de Toulouse de 1627. — Arrêts du Parlement
de Bordeaux de 1710, 1723, 1735, 1738.

(4) Arrêts du Parlement de Navarre du 4 décembre 1688, 9 juillet 1692,
20 septembre 1721, 21 avril 1823.

Palassou. — Mémoire pour servir à l'histoire naturelle des Pyrénées,
1815. Edition Vignancour, pages 317-387.

les anciennes ordonnances, la morale même et le salut public. On supplia le monarque de préserver ses véritables sujets d'une tâche indélibile.

Mais les temps étaient changés ; la requête fut éconduite ; les alliances mixtes couvertes d'un voile protecteur se multiplièrent et amenèrent insensiblement une fusion si désirable. La lutte était donc éteinte et la séparation des cagots devait tomber dans un éternel oubli.

Etrange obstination du préjugé ! Il y a 20 ans à peine un débat judiciaire excitait vivement à Pampelune la curiosité publique. Le bourg d'Ariscun refusait à quelques-uns de ses habitants le droit de participer aux cérémonies religieuses. — Ces nouveaux *parias* descendaient, disait-on, des cagots... Il fallut une double sentence pour assurer le triomphe de la justice et du bon sens.

A la même époque et plus près de nous, la construction d'un mur d'enceinte dans le cimetière d'un village, amenait à la surface du sol des ossements humains dont une partie provenait de l'ancienne sépulture des cagots ; on dut les inhumer dans deux fosses distinctes, afin d'épargner à des restes sans nom un injurieux mélange.

Nous venons de voir la prévention populaire dans ce qu'elle a d'aveugle et d'inexorable ; examinons maintenant si la répulsion qu'inspirent les Bohémiens n'a pas de plus justes causes.

Ces hordes nomades ont donné lieu aux recher-

ches les plus patientes et les plus laborieuses sans
que les résultats obtenus aient encore atteint la pré-
cision et la certitude qu'on pourrait souhaiter (1).
Leur nom varie dans les pays divers où on les ren-
contre; le plus général et le plus exact est celui de
Zinganes. Il est peu de contrées de l'ancien monde
où ils n'aient laissé quelques traces de leur passage.
On en compte en Europe au moins 500,000 (2).

Le point de départ de leurs migrations semble
couvert d'une impénétrable obscurité : un savant
Allemand croit les reconnaître danss Hérodote (3)
et suppose qu'ils subsistent dans la Moldavie depuis plus de 3,000 ans. Ce qui n'est pas dou-
teux, c'est que durant le moyen-âge ils se ré-
pandirent dans les îles de la Méditerrannée, le long
du Danube et jusqu'en Suède et en Norvège. Des
voyageurs les rencontraient vers la même époque
sous les palmiers du Nil; mais tandis que chez
les Bulgares on les croyait Egyptiens, en Egypte,

(1) Grellmann. — Histoire des Bohémiens.
Pott. — Recherches sur la langue des Bohémiens, mémoire couronné
par l'institut, 1844.
Marsden. — Archéologie anglaise.
William Jones. — Recherches asiatiques, tome 5.
Borrow. — Essai sur les gypsies d'Espagne, 1841.
Bataillard. — Recherches sur l'apparition des Bohémiens en Europe,
1845—1849.

(2) Maltebrun. — Géographie universelle. — Description de la Molda
vie. Rienzi porte la population Zingane à un million pour l'Europe
et à 4 millions pour les autres parties du monde. Clavel, hist des religions.

(5) Hasse. — Les Zinganes dans Hérodote.

on disait qu'ils venaient de la Bulgarie, comme on supposait en Allemagne et en France qu'ils étaient originaires de la Bohême (1).

Quelques-uns croyaient même pouvoir affirmer que les contrées Pyrénéennes étaient leur berceau, par cela seul qu'en certaines provinces on les nommait Biscayens.

Trouvant ainsi en tous lieux « cette pauvre gent ramassée », comme dit un chroniqueur du 16° siècle, on serait tenté d'admettre que les Bohémiens n'ont point d'origine particulière et de ne voir partout en eux que le rebut de la population indigène descendue au dernier degré de l'abrutissement. Les livrées de la misère sont en effet les mêmes dans tous les pays et *les gueux* de Callot ne diffèrent guère sous ce rapport *du mendiant* de Murillo.

Mais la moindre attention suffit pour écarter cette hypothèse : on trouve chez les bohémiens tous les caractères d'une race distincte ; les tendances instinctives ou intellectuelles, la langue et les mœurs. L'identité du type qui leur est propre est si complète, que la difficulté de les discerner les uns des autres a procuré l'impunité à plus d'un malfaiteur.

---

(1) Belon. — Observations de plusieurs singularités et choses mémorables de 1554.

André-Chevet. — Cosmographie universelle, 1575.

Le père Garasse. — Doctrine curieuse des beaux esprits de ce temps, renversée par le père Garasse (Moréri, t. 2, p. 18.)

Leur teint basané, leur visage ovale, leur nez arqué, leurs grands yeux noirs et brillants, la blancheur éclatante de leurs dents les rattachent évidemment à l'une des races asiatiques.

Si leur idiôme se rapproche sur quelques points des anciennes langues de l'égypte (1) leur séjour dans cette contrée explique suffisamment ces rares emprunts. On les croirait plutôt originaires de la Perse, car le Persan a fourni plus de mots à leur vocabulaire et la seule industrie vers laquelle ils semblent incliner parmi nous rappelle l'une des productions les plus renommées de ce pays (2).

Mais le nom (Sind ou hind) qu'ils se donnent eux-mêmes dans les lieux où ils sont le plus répandus; (3) les nombreux éléments communs à leur dialecte

---

(1) Le mot natria qui signifie maître dans la langue des Zinganes semble venir de l'égyptien primitif *Nonter-Dieu*. Le nom de *romichal* en usage parmi eux surtout en Angleterre, pourrait dériver du copte romi-chal homme d'Egypte.

Francisque Michel. — Le pays Basque, page 130.

Constancio, encyclopédie du 19e siècle, vo Bohémiens, cite une chanson populaire dans laquelle les Zinganes parlent de l'Egypte comme de leur patrie.

(2) Les Bohémiens se disent le plus souvent maquignons et tondeurs des chevaux. — Le nom de la Perse *fars-istan* signifie *pays des chevaux*. — Constancio, loc. citat; Baudrimont (vocabulaire de la langue des Bohémiens), les fait venir des environs de Babylone.

(3) La lithuanie prussienne.

et aux langues hindoues (1), leurs mœurs, leur vie errante et jusqu'à leurs professions de vanniers, de devins et de *boteleurs*, tout les rapproche des castes inférieures ou maudites qui peuplaient les bords de l'indus. Chez les Persans on les regarde comme des étrangers et on leur donne le nom d'*Indiens noirs* (2). Un poète de cette nation raconte, en ces termes, l'épisode de leur introduction dans son pays :

Le roi Bahram se glorifiait de la prospérité de ses Etats; une seule chose manquait à son bonheur; il aurait désiré que les plus humbles de ses sujets pussent prendre leur repas au son de la musique. A sa prière le roi de Kanodje lui envoya dix mille joueurs d'instruments; Bahram fit à ces étrangers le plus garcieux accueil; il leur distribua des terres, des semences, des troupeaux afin qu'ils ne fussent à charge à personne ; mais au bout de l'année ils avaient tout

(1) Adelung. — Tableau universel des langues.
Richardson. — Etude des langues.
Post. — De la langue des Zinganes.
Borrow. — Essai sur les gypsies d'Espagne.
Un voyageur constatait il y peu d'années dans le pays Basque, l'identité de la langue que parlent nos Bohémiens avec celle des Zinganes ou Zigueunes de toutes les contrées de l'Europe qu'il avait parcourues.
Un honorable magistrat de Bayonne, qui a résidé longtemps dans nos possessions de l'Inde, a retrouvé dans le dialecte des Bohémiens du Labourd, l'analogie la plus frappante avec le Bengali et l'Hindostani.

(2) Ferdoussy, écrivain du 10e siècle. Staples Harriot dans le recueil de la Société asiatique de Londres année 1850 page 527.

dissipé et n'avaient pas ouvert un sillon. Le monarque les jugea incorrigibles et leur permit de vivre à l'aventure en parcourant le pays ; « depuis ce temps, » ajoute le narrateur, ils courent le monde cher- » chant de l'emploi, en compagnie de chiens et de » loups et volent sur les grands chemins le jour » et la nuit. »

Dépouillé de sa forme légendaire ce singulier récit n'est-il pas une preuve de plus de l'origine indienne des bohémiens. Ajouterai-je que ces chanteurs ambulants portaient le nom de Loury; que ce nom sert encore de nos jours à désigner les Zinganes persans et que d'après les curieuses recherches d'un moderne érudit (1) il pourrait s'appliquer à une ancienne peuplade du littoral indien (les djath) qui n'a pu jamais souffrir d'autre travail que celui de la pêche et de la navigation comme nos bohémiens de Ciboure et de St-Jean-de-Luz.

Quelles révolutions entraînèrent les zinganes si loin de leur pays ? Il serait difficile de former à cet égard des conjectures plausibles.

On aurait de la peine à comprendre que l'invasion des conquérants Mogols (Gengis et Timour) eût pesé sur eux plus que sur les autres castes de l'Inde, et que la terreur de ces nouveaux maîtres les eût poursuivis jusqu'aux extrémités de l'Europe. Sans nous appesantir sur ces difficultés, arrêtons-

(1) M. Bataillard. — Recherches sur les bohémiens 1849.

nous un instant à l'apparition en France de ces étranges émigrants.

Pasquier rapporte (1) qu'on les vit arriver à Paris au commencement du 15° siècle (1427), conduits par des chefs auxquels ils donnaient les titres de ducs et de comtes. Chassés de l'Egypte par les Sarrasins, ils avaient, disaient-ils, reçu du Pape (Martin V) le commandement de courir le monde à titre de pénitents. On les accueillit avec enthousiasme, la foule se pressait autour de leur demeure; mais bientôt leur vrai caractère perça l'enveloppe mystique dont ils s'étaient recouverts; leurs femmes disaient la bonne aventure et commettaient toute espèce de larcins. On fut obligé de les chasser de la ville.

Peu de temps après des lettres missives du souverain ordonnaient qu'ils fussent bannis du royaume (2). Et comme la mesure était négligemment exécutée elle fut de nouveau prescrite sur la requête des états d'Orléans par une ordonnance de 1560.

Ce dénouement dut peu les surprendre, ils avaient eu à peu près partout le même sort.

Il est facile de les reconnaître dans un édit de 1303, par lequel le roi de Suède (Birger II) leur enjoignait de sortir de ses états dans le plus bref

(1) Recherches de la France, livre 4, chap. 19.

(2) Lettres missives de Louis XII, données à Chaumont, le 27 juillet 1504, publiées par Depping, dans les mémoires de la société des antiquaires de France, tome 18, p. 483.

délai sous les peines les plus sévères (1). Dans la Valachie ils étaient esclaves et pour mettre à profit leur instinct, on leur permettait de continuer leurs courses vagabondes à condition de partager avec leurs maîtres le butin qu'ils avaient ramassé. En Chypre ils étaient assujettis à un impôt particulier qui les rapprochait de la condition servile; on les regardait comme les descendants d'une race maudite et leur vie errante rappelait le châtiment divin infligé au premier fratricide. A Constantinople, ils s'étaient sauvés de la proscription en se réfugiant dans le mépris; ils avaient obtenu le privilége d'un métier infâme (2).

En Angleterre, en France, en Espagne, ils furent presque simultanément chassés par Henri VIII, François Ier et Philippe II (3).

Mais c'est surtout au pied des Pyrénées que la répulsion dont ils étaient l'objet se montra inexorable. Réputés ennemis publics on ne se départit jamais à leur égard d'une sorte de droit de la guerre. La coutume de Navarre leur défendait l'en-

(1) Le roi Oscar Ier, à qui rien de ce qui pouvait contribuer au progrès de la science n'était indifférent, avait ordonné eu 1848 des recherches sur la condition des Bohémiens ou *Tatern* de la Norvège; le temps nous a manqué pour en connaître les résultats.

(2) La race de *Chaym*, qu'on peut traduire par Caïn ou par Cham.

(3) Simon Syméon cité par Bryaut dans les mélanges d'archéologie publiés par la Société des antiquaires de Londres.

trée du royaume (Titre 28, art. 62). Les habitants devaient se réunir au son du tocsin pour les arrêter, et la capture de chacun de ces malheureux donnait droit à une récompense. Quant aux femmes et aux enfants on les « harcellerait si bien, disait le rédacteur d'un règlement de 1708, qu'ils finiraient par ne plus reparaître. »

L'exil, l'emprisonnement les peines infâmantes tout fut mis en œuvre pour délivrer le pays de ces hôtes détestés. On les déféra à la juridiction redoutée des prévots; on les livra à la fureur de la multitude en permettant de tirer sur eux en cas résistance.

Ces mesures de colère, indistinctement appliquées, pour le seul crime d'être bohémien ne sauraient être trop énergiquement réprouvées, mais restreintes aux vrais coupables elles n'auraient été pour la société que l'exercice du droit de se défendre.

Il ne s'agissait pas en effet, comme pour les cagots, de maladies occultes et de contagion imaginaire. Des bandes armées infestaient les chemins, pénétraient dans les villages et répandaient partout la dévastation, le meurtre et l'effroi. Durant près de deux siècles (de 1538 à 1730) chaque nouvelle délibération des états de Navarre, chaque *provision royale* publiée dans les provinces basques retracent avec une émotion qui ne saurait être feinte le navrant tableau des crimes, qui les avaient provoquées (1).

La révolution de 1789 devait opérer en faveur des bohémiens une puissante diversion.

Au milieu du mouvement qui agitait si vivement la France et qui allait soulever le monde, on devait aisément les perdre de vue et laisser tomber dans l'oubli leurs anciennes déprédations.

Mais loin de profiter de cet apaisement pour prendre leur place dans la société par le travail et des mœurs régulières, ils puisèrent dans l'impunité un surcroît d'audace, jusqu'à ce que l'attention du 1er consul fut enfin appelée sur eux.

Alors parut près de sonner la dernière heure de leur séjour dans nos montagnes. Les mesures administratives furent concertées avec tant d'ensemble et d'habileté (2) qu'en une seule nuit (6 décembre 1802) tous les bohémiens du pays basque furent enveloppés comme dans un immense réseau et conduits dans nos ports de l'Océan pour être transportés aux colonies.

La guerre maritime empêcha seule l'exécution de ce dessein. Après une longue détention

(1) Constancio, loc. cit.

Voir aux archives du département des Basses-Pyrénées les registres et règlements des Etats de 1609 à 1730 et notamment les registres noa 459 et 461, p. 316, 383, 507 et 509. Voir aussi pour le Guipuzcoa l'ouvrage espagnol intitulé : *El Guipuzcoano instruido*, *art gitano*; Francisque Michel (le Pays Basque).

(2) Arrêté de M. le Préfet Castellane du 1er frimaire an XI (22 novembre 1802).

ils furent successivement remis en liberté et regagnèrent leurs anciennes demeures.

Cependant, une si terrible menace devait produire sur eux une vive impression. Durant quelque temps, ils s'efforcèrent de se faire oublier en se tenant le plus souvent en Espagne et en se contentant sur notre territoire de maraudage et d'aumônes.

Une innovation importante s'introduisit même à cette époque dans leurs habitudes ; ils essayèrent de se donner pour l'avenir un état civil en présentant leurs nouveaux nés à l'officier public ; ils avaient compris qu'ils seraient moins exposés à l'expulsion, et que nés en France de parents qui n'auraient jamais connu d'autre patrie, on hésiterait à les traiter comme des étrangers. Par un instinct qui leur est propre et autour duquel se concentre toute leur intelligence, ils découvrirent dans cette formalité une occasion lucrative. De riches habitants choisis par eux pour présenter leurs enfants au baptême n'osèrent refuser ce charitable office, et devinrent pour beaucoup d'entre eux de véritables protecteurs.

Mais cet effacement n'était qu'une trève ; si le naturel ne revint pas aussi vite que le dit le poète (1), il reparut vers la fin du 1er empire.

Nos malheurs publics furent pour les Bohémiens un

(1) Naturam expelles furcà, tamen usque recurret.
Chassez le naturel il revient au galop.

signal de désordre ; le nom du chef (1) qui les diri-
geait a laissé dans le Pays Basque des souvenirs
abhorrés. Par une coïncidence qui s'explique aisément, toutes les fois que des troubles politiques ont
affaibli le ressort de l'autorité en deçà ou en delà
des Monts, leurs mauvais instincts se sont mani-
festés avec plus de violence.

Il en fut ainsi durant la révolution d'Espagne
(1823), lorsque nos soldats eurent quitté ce sol
ami où leur vaillance venait de comprimer, à regret
peut-être, le réveil orageux de la liberté.

La vigilance et le dévouement de la force publique
ne suffirent plus pour protéger nos campagnes. Il
fallut organiser des troupes de paysans résolus qui
s'embusquaient le long des chemins au retour des
marchés, prêts à secourir les voyageurs assaillis.
Avec une rapidité d'information que surpassent à
peine nos courriers et nos télégraphes, les bohémiens furent avertis du péril et se cachèrent.

Une nouvelle explosion de brigandage coïncida
avec le désastre du prétendant Espagnol, vaincu
par l'habile gouvernement d'une femme et par la
répulsion des classes éclairées.

La commotion de 1848 ne pouvait manquer de
ranimer leur audace et bientôt le mal devint into-
lérable.

Il ne faut pas croire que les populations in-

(1) Bidart, de 1815 à 1825.

quiètes se laissent trop facilement entraîner à la
plainte ; elles ont trop de motifs de souffrir en
silence tant que la mesure n'est pas comblée. Leurs
troupeaux épars dans les montagnes, leurs habitations isolées, leurs femmes, leurs enfants sans
défense, tout leur commande la résignation.

Mais quelques temps après la révolution de
février, l'impunité avait produit les plus funestes
fruits. Le nombre des crimes les plus graves s'était
accru d'une manière effrayante.

En vain les magistrats redoublaient de zèle pour
découvrir les auteurs de ces attentats. Aucun indice,
aucune révélation ne venaient en aide à leurs efforts
Un administrateur d'un esprit actif et résolu prit
une mesure énergique : Un grand nombre de bohémiens considérés comme étrangers furent conduits
à la frontière ; mais comme on pouvait aisément le
prévoir, ils ne tardèrent pas à revenir; ils devan-
cèrent même quelquefois ceux qui les avaient
emmenés. L'autorité espagnole dont on avait
espéré le concours se montra peu empressée de
reconnaître de semblables regnicoles. Aussi le
cours des dépradations dont nos campagnes avaient
à souffrir fut à peine interrompu. De 1859 à 1860,
22 crimes d'assassinat, d'incendie et de vol à main
armée furent commis, toujours avec les mêmes
circonstances, et selon toute probabilité par les
mêmes malfaiteurs.

Une telle situation exigeait un prompt remède.

L'idée d'une expulsion générale soulevait des difficultés nombreuses ; elle fut momentanément écartée et l'on s'occupa exclusivement des condamnés qui devaient à l'expiration de leur peine être laissés à la disposition de l'autorité administrative : un règlement nouveau les obligea de résider tout le temps de la surveillance, loin des lieux où leur présence aurait répandu la plus vive inquiétude. En deux années, 85 bohémiens repris de justice furent transférés dans les départements du centre de la France.

Les résultats immédiats de cette mesure furent considérables. Subitement allégé d'un tel fardeau, le pays Basque sentit renaître une sécurité depuis longtemps perdue. Mais cette sorte d'exil ne pouvait être imposé qu'en vertu d'une condamnation et devait nécessairement finir au terme marqué par le jugement. Elle n'offrait même point pendant sa durée de bien sûres garanties contre le retour. Qui ne se souvient de ce *misérable* dont naguère, dans cette enceinte, la fermeté du jury, soutenue par une voix éloquente, enchaîna l'audace sanguinaire. « Bien jeune encore il avait subi cinq con-
» damnations ; son père, sa mère, sept enfants nés
» de cette femme avaient été frappés plusieurs fois
» par la justice. Après un long séjour dans une
» maison centrale, il avait reçu l'ordre |de résider
» à Alençon. Il ne put y souffrir longtemps le
» joug de la loi et du travail, et malgré la vigi-

» lance de l'autorité , la distance et le dénuement,
» il reparut tout-à-coup non loin de son village
» natal. Un de ses frères vint le rejoindre dans
» une grange isolée. Une fille de leur tribu leur
» apporta quelques aliments. Mais, après trois jours,
» ayant épuisé leurs ressources, pressés par la
» faim, ils sortirent un soir prêts à tout oser. Seul,
» un pauvre muletier s'offrit à leurs projets sinistres;
» il possédait une pièce d'argent qu'on avait pu
» voir entre ses mains ; ce fut assez ; assailli dans
» un chemin écarté, il tomba comme frappé par la
» foudre. Après l'avoir dépouillé, ses meurtriers
» impassibles regagnèrent leur asile et s'étendirent
» nonchalemment sur le sol, en attendant le repas
» dont la vie d'un homme venait de payer le
» prix. » (1)

Si même en ce moment, malgré la surprise d'une
mesure sévère, l'internement n'offre pas à la sûreté
publique toutes les garanties désirables, 30 ou 40
enfants délaissés par les condamnés et recueillis par
ceux qui restent, comme des instruments commodes
de mendicité et de vol, font assez prévoir ce qu'on
doit attendre pour l'avenir.

Il ne faut pas espérer qu'à force de rigueurs,
on éloignera ces hôtes dangereux. La plante parasite
ne s'attache pas plus intimement au tronc qu'elle
épuise, malgré la serpe de l'émondeur.

____

(1) Réquisitoire de M. le procureur général Durand-Fornas.

Des liens nombreux les retiennent sur le sol qui les a vus naître.

Indépendamment de l'habitude toute puissante sur des esprits sans culture et de l'usage exclusif d'une langue que les seuls érudits connaissent hors de ces montagnes, ils trouvent autour d'eux un pays semé de collines, couvert de bois, de laudes, de bruyères, rarement percé de routes praticables ; des habitations isolées où leurs enfants reçoivent toujours de la prudence ou de la peur un favorable accueil ; des cabanes désertes où ils se rejoignent et se reposent durant le jour de leurs courses nocturnes ; enfin tout près d'eux, une frontière ouverte. qui peut, en quelques heures, les mettre à l'abri de toutes les investigations. Est-il étonnant qu'ils consentent si difficilement à s'en éloigner ?

Que nous reste-t-il donc à faire, puisqu'il faut nous résigner à les souffrir. Une seule chose qui n'a pas encore été, ce me semble, résolument essayée: les moraliser, les instruire; de ces sauvages faire des hommes.

L'œuvre est difficile, je le sais, et loin de dissimuler la profondeur du mal, je voudrais le peindre des couleurs les plus vraies, afin d'exciter plus vivement la pitié de ceux qu'un intérêt d'humanité ne laisse jamais indifférents (selon la belle pensée du poëte :

Homo sum....
Humani nihil a me alienum puto ;
Au fond d'un ravin couvert par des arbres séculaires,

l'œil distingue à peine une masure, abandonnée par quelque émigrant malheureux ; par la porte entr'ouverte s'échappent des miasmes fétides qui trahissent la tanière d'une bête fauve ou un gîte de bohémiens. Sur la terre nue, détrempée par la pluie qui tombe de la toiture disjointe, des êtres humains sont étendus ou accroupis, dans l'attitude de l'indolence ou de la stupidité. Au milieu d'eux, un vase de métal sans forme et sans nom, contient les apprêts d'un sordide repas ; des débris de viandes corrompues, de légumes, de branchages à-demi consumés jonchent le sol. On attend le retour des femmes et des enfants les plus agiles, qui sont allés recueillir au loin le tribut de la mendicité, des prédictions complaisantes, des danses lascives, et trop souvent du vol et de la prostitution. La faim assouvie, la nuit venue, c'est le moment pour les jeunes et les forts de commencer leurs courses aventureuses.

Quelques-uns ne reviendront pas, car les acteurs de ces rencontres fortuites changent incessamment. Eufin, après quelques jours, ce qui reste de la troupe, cédant à son insctinct, s'éloigne de cet abri devenu immonde, pour aller chercher une autre retraite.

Ces bohémiens de notre temps sont bien les mêmes que ceux dont les récits des voyageurs d'un autre âge nous ont laissé le portrait : « détes-

» tant le travail , mendiants et voleurs dépourvus
» de tout sentiment de pudeur et d'honnêteté. »

Comme leurs devanciers, ils ont en réserve quelques *menus métiers* (1), pour faire illusion à des ob-
servateurs superficiels. Les femmes tressent des nattes
ou des corbeilles , les hommes exécutent avec une
dextérité remarquable la tonte des chevaux ; mais il
faut des circonstances bien impérieuses pour les
déterminer à subir le joug du travail , et dès que la
contrainte a disparu , ils s'empressent de reprendre
leurs habitudes d'oisiveté.

Un autre prestige dont ils se parent quelquefois , est celui de la propriété foncière. Une grange
obtenue à vil prix d'un possesseur obéré ; quelques ares de terre usurpée sur la lande com-
munale et que ne fouilleront jamais ni le hoyau
ni la charrue , leur procurent l'honneur de
figurer un moment au nombre des contribua-
bles ; mais on ne tarde pas à reconnaître, dans
leur voisinage , ce qu'il en coûte à la communauté.
Leur demeure devient le lieu de réunion de tous
les vagabonds du pays ; c'est là qu'on dépose le
butin et qu'on prépare les expéditions nouvelles.
La seule ressource des habitants paisibles est de
se cotiser , pour racheter un peu plus cher ce
dangereux repaire. Heureusement pour eux le

(1) Expression de l'historien Lusignan dans la description de l'île de
Chypre , 1580.

nouveau maître, déjà lassé de l'apparence d'une vie sédentaire, le leur abandonne sans regret, On ne connaît, dans l'arrondissement de Mauléon, qu'un seul bohémien qui ait transmis sa maison à ses enfants.

La propriété du sol n'existe donc point parmi eux. La propriété mobilière n'y est pas moins illusoire.

Si, par une rare anomalie, quelque objet précieux se trouve dans les dépouilles d'un mourant, il devient le lot du plus fort ou du plus habile.

Ainsi, le travail et la propriété leur sont également inconnus.

J'ajoute qu'ils n'ont pas même l'idée de la famille.

La cérémonie du vase brisé, marquant par le nombre de ses éclats la durée de leurs mariages, n'a pu jamais former un lien sérieux. Peut-être ne faut-il y voir qu'un symbole expressif de la fragilité de leurs engagements. Il n'en reste plus de trace aujourd'hui.

Mais ce qui n'a point changé, c'est l'attrait fortuit qui les rapproche ; c'est l'instabilité de leurs penchants ; c'est le vice devançant l'âge ordinaire de la puberté ; ce sont les unions monstrueuses entre les parents les plus proches, creusant incessamment l'abîme de la dégradation physique et morale de la race (1). Ce qui reste invariable, c'est l'incertitude

_____

(1) Chez les nations dégénérées qui s'oublièrent jusqu'à permettre le mariage entre des frères et des sœurs, ces unions infâmes produisirent des monstres (Joseph DE MAISTRE, du Pape, liv. 2 ch. 7).

de la paternité ; c'est la transformation de tous les sentiments naturels en une vague sympathie qu'entretient le péril commun. Et comme l'autorité est indispensable à toute aggrégation humaine , le plus hardi a remplacé le père ; sa compagne d'un jour prend le titre de reine et s'efforce de justifier ses prérogatives par un surcroît d'activité malfaisante.

Le respect de la vieillesse, le culte des tombeaux sont le lien de la famille ; les bohémiens n'ont ni vieillards ni sépultures.

On dit que chez quelques peuplades de l'Inde, les anciens de la tribu s'offrent volontairement pour servir à un horrible festin avant que l'âge ait énervé leurs forces. Nous n'oserions faire peser sur les bohémiens une imputation aussi odieuse puisqu'aucune preuve ne l'appuie.

Creusent-ils , à l'exemple des *Etrangleurs* de l'Inde, des fosses profondes pour éviter les atteintes des animaux de proie? détournent-ils, comme les soldats d'Alaric, le cours des ruisseaux pour y cacher leurs morts?

Toute explication qui suppose l'effort et le travail est trop éloignée de leur caractère pour qu'on s'y arrête aisément. C'est donc un des mystères de leur existence.

Une des causes les plus profondes de la situation lamentable que nous avons essayé de peindre est l'absence totale de croyances religieuses.

Un penseur éminent a dit avec une netteté re—

marquable : Dès que l'homme cesse de croire au surnaturel et de vivre sous l'empire de cette croyance, le désordre entre dans sa volonté (1).

On ne trouve chez les Bohémiens ni croyances ni culte. Ils se disent musulmans en Turquie, chrétiens dans le reste de l'Europe ; mais le Coran leur est aussi étranger que l'Évangile.

S'ils font baptiser leurs enfants, s'ils consentent quelquefois à leur laisser accomplir le premier acte solennel de la vie religieuse, « *le daim qu'on avait cru dompté a bientôt rejoint son troupeau* » (2). Il ne reparaîtra plus au village que pour y être un sujet de défiance ou d'alarme.

L'ignorance de Dieu devait amener l'oubli de tous les devoirs que l'homme est appelé à remplir sur la terre. Une bohémienne qui avait été autrefois la reine du pays de Soule résumait sa morale en deux mots : l'occasion et la fantaisie. Et cette femme était devenue mère onze fois ! Formés par ses leçons, ses enfants pouvaient-ils ne pas perdre le discernement du bien et du mal (3).

(1) Guizot. — Etudes morales, préface, p. 8.
Au moment où nous écrivions ces lignes, M. le Ministre de l'inst. publique exprimait hautement son adhésion à cette vérité, en rappelant aux adversaires de son programme, pour l'enseignement de la philosophie, ce passage important : la morale a pour sanction l'immortalité de l'âme et la justice divine.

(2) Walter Scott, l'Officier de fortune.

(3) Nous possédons un dialogue curieux entre cette femme et un

La dégradation de ces malheureux a donc atteint la dernière limite où elle puisse descendre.

Ranimer en eux la conscience éteinte, leur inspirer le goût du travail et d'une vie régulière, est-ce une œuvre possible ?

On nous a dit spirituellement, en rappelant un trait amer du plus doux des poëtes : Vous mettriez plutôt des renards sous le joug (1). Nous sourions volontiers, mais nous ne perdons pas courage ; n'avons-nous pas d'ailleurs des précédents pleins d'espérances.

A Ciboure, à St-Jean-de-Luz, 40 familles de bohémiens ne se distinguent plus du reste de la population ; elles ont trouvé le genre de vie qui répugne le moins à leur instinct. La pêche et la navigation leur offrent l'image de la solitude, de l'indépendance, d'une existence aventureuse, de longues heures d'indolence après les plus rudes travaux ; peut-être aussi une réminiscence confuse de leur première patrie.

Dans le midi de l'Espagne, près de l'élégante Séville, leurs habitudes, s'il faut en croire un

homme de bien qui cherchait à la ramener de ses égarements. Nous en citerons quelques traits :

Prendre ce dont on a besoin, ce n'est pas voler.

On tue quand on ne peut pas faire autrement.

La fidélité dans le mariage est affaire de cœur.

D. et Dieu ? R. Dieu.... est bon.

(1) Atque idem jungat vulpes et mulceat hircos. (Virgile, églogue 3e).

narrateur contemporain (1), se sont modifiées jusqu'à offrir le plus étonnant contraste avec les traits
que nous venons d'esquisser.

Le même voyageur a vu, en Russie, une femme
zingane qui portait un grand nom, possédait de
vastes domaines et fesait de ses richesses le plus
noble usage.

Sans rêver pour nos bohémiens de si hautes
destinées, contentons-nous d'indiquer ce qui nous
paraît désirable et possible.

Un des progrès les plus heureux de notre temps
est le changement qui s'est opéré dans les idées,
sur la nature et le but de la répression pénale.
Les mots de vindicte publique répondent mal à
nos tendances modernes ; au-delà de l'expiation et
de l'intimidation, nous cherchons l'amendement du
coupable.

On a remarqué avec douleur combien s'éloignait
de ce but l'entassement des condamnés dans les
maisons de peine.

Le contact incessant des hommes les plus pervers,
supplice affreux pour les détenus qui conservent
encore quelques sentiments d'honnêteté, était pour
tous la source des plus funestes inspirations.

Le nombre croissant des récidives semblait faire

---

(1) M. Borrow. — Essai sur les gypsies d'Espagne. — C'est un sujet
d'étude sur lequel nous nous proposons de revenir un jour, si les
documens que nous espérons ne nous font pas défaut.

surgir du fond de la société une sorte de caste fatalement vouée au crime.

Le premier remède qui s'offrit à la pensée fut l'isolement des détenus, l'emprisonnement cellulaire.

La réforme était prête à s'accomplir, lorsqu'une objection formidable imposa de nouveaux délais.

La séquestration devait avoir pour résultat inévitable le suicide ou la folie. Il fallut observer, étudier encore. Aujourd'hui l'expérience semble achevée; partout autour de nous en Prusse, en Belgique, en Italie le régime cellulaire est si heureusement entré dans les mœurs, que les condamnés le réclament eux-mêmes. (1)

Ce qui était funeste, c'était l'isolement absolu et l'oisiveté; ce qui corrige sans péril, c'est le travail assidu, ce sont les conseils, les consolations, les encouragements donnés par les hommes généreux que le devoir ou la bienfaisance amène, chaque jour, auprès des condamnés.

On comprend toutefois les lenteurs nécessaires d'un tel changement; on ne transforme pas subitement près de 400 maisons d'arrêt ou de peine (2). On n'improvise pas des cellules pour plus de 60,000 détenus; mais les bohémiens offrent à la réforme

___

(1) Ducpétiaux, inspecteur général des établissements de bienfaisance en Belgique. — Société d'économie charitable, séance du 27 avril 1865.

(2) 387.

un objet plus restreint, d'une urgence exception-
nelle. Pourquoi l'attention ne se porterait-elle pas
d'abord sur eux en attendant l'exécution d'un plus
vaste plan?

Comme complément de l'emprisonnement cellulaire, on organiserait dans les lieux où ils devraient résider à l'expiration de leur peine,
des sociétés de patronage qui leur procureraient
les conseils, le travail, les secours dont ils ont
besoin. Au lieu de se corrompre de plus en
plus par le contact impur des seuls compagnons
d'exil que leur laissent leur qualité d'étrangers
et la flétrissure qui les accompagne, ils conti-
nueraient de recevoir une influence réparatrice et
rapporteraient, peut-être, parmi leurs pareils des
germes inconnus de sociabilité et de moralité.

Devenus meilleurs ils trouveraient aisément l'emploi de leur activité, car l'agriculture manque de
bras, surtout dans ce pays dépeuplé par l'émi-
gration. Ne les voit-on pas déjà partout accueillis
avec empressement dès qu'il est possible de croire
à leur bonne volonté?

Mais c'est surtout vers l'avenir qu'il faut porter
nos regards.

Les bohémiens internés ont laissé dans le
pays Basque de nombreux enfants qui seront
longtemps encore hors d'état de pourvoir eux-
mêmes à leur subsistance. Recueillis, sans mandat
et sans titre, par le reste de la tribu, ils sont

élevés dans la haine de la société. En attendant l'âge où ils pourront se livrer à de plus graves désordres, ils servent à mendier pour tous, dans un pays où la mendicité est un défi jeté à la loi. Devons-nous les abandonner à cette direction funeste? Puisque le dépôt organisé pour lë département ne peut les recevoir à raison de leur âge, ne leur offrirons-nous pas un autre refuge (1).

Une législation compatissante a voulu améliorer le sort des enfants délaissés; de ceux que le vice atteint déjà et à qui l'avenir semble ne réserver que l'opprobre et la misère; et comme la charité privée peut seule répondre à toutes les exigences d'une œuvre aussi complexe, tous les hommes bienfaisants ont été appelés à y concourir (2).

En plus d'un lieu cet appel a été entendu (3). Il suffit de citer un établissement que nos voisins nous envient et qui s'élève comme une harmonie de plus dans une des plus belles contrées de la France. L'amendement y est si sûr que les rechutes y sont à peine connues. L'autorité y est si douce qu'elle se fait

(1) Aux esprits prévenus qui pour exalter ou pour dénigrer notre époque supposeraient que l'extinction de la mendicité est une idée nouvelle, il peut être bon de rappeler qu'un édit de 1656 punissait nonseulement les mendiants, mais encore les personnes charitables qui donnaient l'aumône sur la voie publique.

(2) Loi du 5 août 1850.

(3) On compte en ce moment en France douze colonies pénitentiaires pour les jeunes détenus; l'Etat paie pour chaque enfant une subvention quotidienne de 60 à 70 c.

aimer comme une mère (1). Quel heureux jour que celui où le pays Basque trouverait ses Demetz et ses Courteille.

Il ne faut pas exagérer les difficultés de l'entreprise. Aucun bien n'est impossible à qui sait le vouloir. Voyez au milieu de nous ce qui est advenu pour des enfants moins malheureux puisqu'il leur reste au moins un nom, des traditions de famille, une patrie.

Un magistrat dont la présence m'interdit l'éloge, mais que la reconnaissance publique loue mieux que mes paroles, a eu l'heureuse idée d'ouvrir un asile à des orphelins. Aussitôt et comme par enchantement, un toit hospitalier s'élève ; les saintes filles de la charité sont appelées ; le champ qu doit nourrir la colonie nouvelle se couvre de fruits et les cœurs généreux ont pu prédire à ce modeste essai une prospérité pareille à celle de Petit-Bourg (2) ou de S\ Firmin(3). Puisse une noble émulation procurer bientôt aux enfants délaissés du pays basque des sympathies aussi secourables (4) !

Mais quand la charité privée laisserait échapper

(1) Colonie pénitentiaire et maison paternelle de Mettray, près Tours. La colonie a été autorisée par un décret du 21 juillet 1855.

(2) Près Corbeil (Seine).

(5) Près Breteuil (Oise).

(4) Si un établissement de ce genre était fondé par la charité, il pourrait être déclaré d'utilité publique pour recevoir les enfants abandonnés; une section spéciale complèterait le dépôt de mendicité pour

cette occasion de répandre de nouveaux bienfaits, notre confiance dans l'avenir n'en serait point ébranlée. Elle a pour garantie une haute sollicitude à qui rien n'échappe de ce qui touche aux intérêts de l'ordre et de l'humanité.

Que ne doit-on pas attendre de la puissante initiative qui a doté l'assistance publique de si touchantes institutions : le prêt de l'enfance au travail, les asiles aux ouvriers mutilés, aux convalescents, aux orphelins; qui dans la répression a toujours voulu placer l'amendement à côté de la peine ; qui a fait disparaître de nos lois l'immorale fiction de la mort civile (1); qui a préparé la suppression des bagnes (2), qui a placé près du berceau de la dynastie Impériale des essais de colonies pénitentiaires (3) destinées à rivaliser un jour avec cet établissement d'Outre-Manche (4) où le travail en plein air, l'aspect de la nature, l'esprit re-

ceux qui auraient subi une condamnation ; les communes devraient s'estimer heureuses de convertir en une subvention régulière la lourde contribution que leur imposent l'aumône et le maraudage; le conseil général, si prompt à reconnaître les véritables intérêts du pays, fournirait certainement une allocation. Les secours de l'état achèveraient de couvrir la dépense.

(1) Loi du 31 mai 1854.

(2) Message du Prince Président de la République en 1850. Loi du 1er juin 1854.

(3) Chiavari et Casa-Bianda pour les adultes. — St-Antoine pour les enfants (Corse). Décret du 1er septembre 1856.

(4) Portland entre Plymouth et Porsmonth. Voir la description de ce pénitencier dans le beau livre de M. le Président Bérenger, *de la répression pénale*, tome 1er, titre 2, chap. 5, § 2.

ligieux qni préside à tous les exercices opèrent de si merveilleuses transformations. Et comme le succès des plans les mieux conçus est toujours subordonné à la sagesse de l'exécution, la régénération des bohémiens serait en ce moment heureusement placée sous les auspices d'un administrateur pour qui voir le bien et le réaliser, semblent une seule et même chose.

N'oublions pas cependant que nos meilleures résolutions seraient impuissantes si nous n'étions secondés par un peuple voisin, non moins intéressé que nous, à cette œuvre d'humanité.

Que nous servirait de veiller sur nos condamnés, d'instruire et de moraliser leurs enfants s'ils devaient retrouver en passant la frontière, les habitudes auxquelles nous les aurions arrachés; si de nouvelles recrues venaient incessamment compromettre le résultat de nos efforts ?

Mais ce concours ne nous est-il pas assuré de la part d'une nation qui, au milieu des épreuves laborieuses de sa rénovation politique, a su fonder tant d'œuvres secourables, rappelées, naguère, par un de ses nobles interprètes dans une réunion solennelle (1).

Convier ce peuple ami à s'unir à nous dans cette occasion, n'est-ce pas lui témoigner noblement notre estime et notre reconnaissance pour le

____

(1) Rapport du comte d'Alfaro au congrès de bienfaisance de Londres en 1863, sur la charité en Espagne.

don inappréciable qu'il nous a fait, lorsque sur le trône impérial, rendu à nos vœux, est venu s'asseoir une Souveraine qui unit à la grandeur d'une âme espagnole tout ce qu'une française peut avoir de charmes, de grâce, d'inépuisable bonté ?

Pouvons-nous douter de l'accueil que recevrait dans ce pays un désir si légitime de la France, quand notre pensée s'arrête sur ces récentes ovations où les cœurs espagnols battaient si vivement à l'unisson des nôtres ; où parmi les acclamations enthousiastes qui s'élevaient sur son passage, l'Empereur put croire un moment qu'il n'avait pas quitté le sol de la patrie et répéter avec un autre grand roi : *il n'y a plus de Pyrénées?* (1)

Gardons fidèlement notre espoir ; faut-il plus d'assurances pour qu'une pensée utile ait sa place marquée dans l'avenir ?

Un mot encore messieurs avant de terminer cette trop longue allocution :

Rendons ensemble un dernier hommage à la mémoire d'un collègue dont la fin prématurée nous a laissé de vifs regrets.

M. Barbet fut un de ces hommes rares qui se portent vers le bien par une inclination si naturelle qu'on songe à peine à les louer de ce qui semble leur coûter si peu d'efforts. Jamais une

(1) Réception de LL. MM. l'Empereur et l'Impératrice à St-Sébastien, le 2 octobre 1863.

pensée d'ambition ne se mêla dans son âme au sentiment du devoir. Jamais le mobile de l'amour-propre ne faussa la rectitude de son esprit.

Sa modestie n'était pas un calcul habile pour obtenir plus sûrement des témoignages d'estime ; mais un désintéressement sincère de ces douceurs de la louange qui enivrent quelques fois les plus sages.

Durant de longues années il remplit à Bayonne les pénibles fonctions de l'instruction criminelle avec un soin , une sagacité , une droiture scrupuleuse dignes de servir de modèles.

Quand une distinction et un avancement également mérités vinrent le chercher sur son humble siège , on put dire de lui, que seul il n'y pensait pas. Il apporta aux délibérations de la Cour des qualités précieuses : l'assiduité , l'attention soutenue, un sens droit , une inflexible équité.

Ai-je besoin de dire combien sa bienveillance naturelle et la facilité de son commerce lui gagnèrent rapidement l'affection de ses nouveaux collègues ? Mais quelque prix qu'il attachât à leurs sympathies, elles ne purent affaiblir dans sa mémoire le souvenir des amis d'un autre âge ; on comprenait aisément qu'il comptait revenir un jour goûter auprès d'eux le repos de la vieillesse.

Combien de projets chéris nous bercent ainsi de leur douces illusions et à la place du bonheur absent mettent au moins l'espérance !

Un évènement douloureux vint précipiter le dénouement de cette paisible existence. La mort ravit à M. Barbet une fille tendrement aimée au moment où la jeunesse commençait à se dorer pour elle de ses premiers rayons.

S'il conserva au dehors la constance qui convient à une âme virile, la blessure n'en fut pas moins profonde. Sa santé s'altéra rapidement. Durant près d'une année nous le vimes lutter contre une maladie cruelle, non avec l'orgueil qui veut paraître impassible, mais avec la résignation du chrétien qui connaît le prix de la souffrance et qui envisage sans effroi le terme où elle doit aboutir.

Jusqu'au dernier jour, l'accomplissement de ses devoirs de magistrat fut la seule diversion qui eût le pouvoir de suspendre le sentiment de ses maux.

Au moment où les vacances allaient nous séparer, je lui exprimais l'espoir de voir bientôt ses forces renaître; il souriait tristement, comme s'il avait eu un pressentiment infaillible de l'avenir. Ce sourire fut son dernier adieu !

. Que sa mémoire si dignement louée par un de nos bons collègues demeure parmi nous comme un exemple du bonheur doux et calme, de l'estime et des sympathies sincères réservées à l'homme de bien.

AVOCATS ,

Il y a trois jours à peine, nous aimions à penser

que nous vous retrouverions tous aujourd'hui , prêts
à nous donner encore votre concours éclairé.

Combien notre espérance est tristement déçue !

Un de vos confrères les plus aimés manque à
notre réunion , et son nom ne sera plus prononcé
parmi nous , sans qu'il nous rappelle un de ces
coups terribles où se manifeste la fragilité de notre
existence.

Nous occupions déjà cette place quand il vint se
mêler à vos luttes , jeune, brillant, plein d'ardeur,
soutenu par un des sentiments les plus purs dont un
cœur affectueux puisse être animé.

A vingt ans , il devait remplir dans sa famille
la place de son père, magistrat honorable, que
la mort était venue surprendre au milieu de ses
projets inachevés pour l'avenir de ses enfants. Cette
mission difficile , il sut l'accomplir avec une sollicitude , un dévouement qui ne pouvaient manquer
d'avoir leur récompense.

Nous applaudîmes avec bonheur à ses premiers
succès.... Pourquoi faut-il que nous ayons à lui
rendre aujourd'hui ce dernier hommage qui ne
s'épanche du cœur qu'avec des larmes ?

Rappelerons-nous l'élévation de son esprit, l'aménité
de son caractère, sa politesse exquise, ses manières
distinguées, son savoir déjà si étendu, sa parole
si suave, si lumineuse, si entraînante...? Il n'est
personne dans cet auditoire qui n'ait été sous le
charme de tant de qualités aimables ou brillantes

et qui ne trouve dans ses regrets de quoi sur-
passer nos éloges.

L'amour du travail, son dévouement pour sa
famille, de précieuses bienveillances, lui firent
éviter les écueils où viennent trop souvent échouer
de jeunes talents de bonne heure applaudis. Une
piété sincère le préserva des énivrements de l'orgueil. Aussi ne comptait-il parmi les Anciens du
barreau comme parmi les hommes de son âge,
que des admirateurs chaleureux, prêts à jouir de
ses triomphes comme s'ils en eussent partagé l'honneur. La cité déjà fière de sa jeune renommée l'avait
inscrit au nombre de ses Elus et n'avait pas craint
de lui confier dans une occasion solennelle ses intérêts les plus importants.

Quel avenir nous aimions à lui prédire!

Il devait continuer la tradition glorieuse des hommes d'élite sortis de vos rangs pour occuper dans les
fonctions publiques les postes les plus élevés.....

Talents, fortune, honneurs, tout s'est évanoui
en quelques jours de souffrances! et de cette des-
tinée qui devait être si belle, bientôt il ne restera
plus que le deuil fidèle de quelques amis et dans
le cœur d'une mère une inconsolable douleur!

Jeunes gens, puisse l'exemple que Casaubon vous
laisse, vous animer d'une noble émulation! Puissiez-
vous ne pas oublier que si tant de regrets entou-
raient son cercueil, ce n'est pas seulement aux

dons de l'intelligence, c'est encore à la pratique du bien qu'il a dû ces hommages.

Avoués,

Un de vos jeunes confrères a été frappé bien cruellement par le malheur que nous déplorons.... Si l'estime et les sympathies les plus honorables pouvaient adoucir de telles épreuves, il trouverait un allègement à sa douleur dans la bienveillante estime de la Cour et dans votre affectueuse condoléance.

—

Au nom de l'Empereur, et pour M. le Procureur général, nous requérons qu'il plaise à la Cour admettre les avocats présents à la barre à renouveler leur serment.

Pau, Imprimerie de É. Vignancour.